AF509401

L'IMMORTALITÉ

PROUVÉE

PAR

LA SOLIDARITÉ UNIVERSELLE

PARIS

LIBRAIRIE MAURICE LA CHATRE ET C\ie

38, BOULEVARD SÉBASTOPOL, 38

—

1872

L'IMMORTALITÉ

PROUVÉE

PAR

LA SOLIDARITÉ UNIVERSELLE

En présence du deuil général, et maintenant que nous avons payé le premier tribut à cette grande douleur, nous éprouvons un immense besoin d'adoucir la peine de ces milliers d'êtres qui pleurent une mère, un fils, un père, un époux, un frère, un ami! Et nous venons leur dire au nom de la raison et de la justice universelles :

Ceux que vous croyez avoir perdus pour toujours sont plus vivants que jamais; car ce grand phénomène, que l'on appelle la mort, n'est en réalité que l'épanouissement de la vie dans une sphère plus large!

En effet, tout être est organisé en vue d'un but, et ce but ne saurait être que la manifestation graduelle des virtualités et des puissances qui sont dans sa nature.

Or, en examinant l'homme, en consultant son cœur, ses tendances, ses aspirations, nous voyons qu'il est organisé pour tout connaître, tout aimer, tout posséder et être heureux.

Si donc tout finissait pour lui à la tombe, la nature serait en contradiction avec elle-même, car elle aurait mis dans l'homme des besoins et des désirs infinis, et elle le briserait avant qu'il n'eût pu les satisfaire.

Cela n'est pas possible, car ce sentiment de justice, qui proteste en nous contre l'anéantis-

ment de notre être, est lui-même une des propriétés de la nature.

Donc, si notre être répugne aux privations et
la souffrance, c'est que nous sommes constitués
pour réaliser tôt ou tard et tous ensemble la plé-
nitude du bien-être.

Si notre nature aspire à vivre éternellement,
c'est que la vie éternelle est notre destinée.

Or, cette vie éternelle et universelle, qui a son
siège au fond de chacun de nous, ne peut rester
localisée perpétuellement dans une forme parti-
culière, car en vertu de son activité infinie, elle
a besoin de réaliser progressivement la forme
universelle et la conscience universelle.

Du reste, comment l'homme pourrait-il con-
tinuer son développement sous la forme actuelle
et même s'y maintenir, quand cette forme a
épuisé la somme de puissance organique dont
elle disposait?

Notre corps actuel, en vertu de la loi du progrès qui modifie toutes choses, n'est que le rudiment d'une forme supérieure, l'alambic qui la distille, et quand cet organisme épuisé a produit ce qu'il pouvait produire, quand il ne peut plus servir à l'élaboration de l'intelligence, il devient nécessaire qu'il achève sa décomposition.

La mort est donc un progrès, un renouvellement nécessaire des formes de la vie, laquelle est une lumière vivante aussi indestructible que la lumière du soleil; une électricité intelligente qui survit à la décomposition du corps et que rien ne peut anéantir.

La matière elle-même est soumise à cette loi éternelle d'indestructibilité, car tout meurt pour revivre, et toute décomposition n'est que le prélude d'une recomposition supérieure.

Nous avons la preuve de cette grande vérité dans toute la nature par le renouvellement et ascension perpétuelle des êtres en général.

Ne voyons-nous pas les fleurs, les fruits, les arbres, qui semblent mourir en automne, renaître au printemps sous une forme toujours plus belle?

Ne voyons-nous pas les plantes, les herbes qui couvrent nos paccages, monter dans une vie supérieure en servant de nourriture aux troupeaux, et les troupeaux eux-mêmes disparaître pour revivre dans l'humanité qui s'en nourrit?

C'est ainsi que la substance planétaire s'élabore graduellement en passant par les matrices minérale, végétale et animale, pour *s'assimiler* ensuite à l'homme qui l'élève à l'état de conscience et de raison!

Mais l'humanité étant régie par la même loi que les êtres inférieurs, elle est nécessairement indestructible et modifiable comme eux; et de même que la feuille qui tombe en automne remonte dans la sève au printemps, de même aussi les générations humaines qui nous ont précédés revivent en nous et font partie intégrante de nous-mêmes.

La seule différence qui existe à cet égard entre la plante et l'homme, c'est que la plante, n'ayant pas conscience d'elle-même, ignore les transformations qu'elle subit ; tandis que l'homme, grâce à son organisme supérieur, ayant élaboré une *conscience personnelle*, un *moi intelligent*, il doit se transformer avec ses facultés acquises, c'est-à-dire avec le degré de lucidité qu'il a réalisé pendant le cours de son existence visible.

En effet, ce qui est réalisé ne peut plus s'anéantir ; une qualité acquise dans la substance universelle ne peut plus se perdre, car les propriétés qui sont dans les êtres substantiellement y restent toujours, et quelque modification que l'on fasse subir aux corps, on retrouve constamment ce qui constitue leur essence.

Ainsi l'hydrogène, l'oxygène, l'azote, l'électricité, la lumière, qui entrent dans la composition des corps ne peuvent jamais perdre leurs propriétés, et quoique ces fluides soient invisibles et confondus, ils n'en sont pas moins réels et distincts, et n'en conservent pas moins leurs qualités spéciales et indestructibles.

Le fluide humain, qui est plus élaboré que les autres fluides de notre monde, ne peut faire exception à la loi générale, et lorsqu'il se dégage de son organisme corporel, il doit se combiner selon l'ordre des affinités avec toutes choses, en conservant toutefois ses propriétés essentielles, qui sont l'*intelligence*, l'*amour*, la *volonté*, la *puissance* et la *conscience de son identité*.

C'est pourquoi, si le *moi individuel* de l'être *trépassé* conserve ses facultés acquises, il doit nécessairement se *constater*, se *reconnaître* dans toute la sphère de son expansion, c'est-à-dire dans tous les êtres auxquels il s'est mêlé par la loi de *fusion* durant son existence concrète.

En effet, la loi de *fusion*, c'est la loi universelle de *mélange* et de *relation* entre tous les êtres de la nature, et cette grande loi se manifeste au moyen de l'*émanation*, de l'*absorption* et de l'*assimilation*.

Par l'*émanation*, tous les êtres en général *exhalent* constamment hors d'eux-mêmes leurs effluves physiques, intellectuelles et morales.

Par l'*absorption* et l'*assimilation*, chacun s'*approprie* et s'*identifie* continuellement une portion de la substance émanée par tous les êtres ensemble.

Il résulte de cet échange réciproque et permanent, que tous se donnent perpétuellement à tous, et que chaque individu en se renouvelant continuellement des autres et en s'épanouissant en eux, arrive nécessairement à vivre plus dans l'humanité qu'en lui-même.

La loi de *fusion* est donc le *principe* même de la SOLIDARITÉ, et cette solidarité est si profonde entre tous les êtres sans exception, que le bien ou le mal d'un seul rejaillissent infailliblement sur tous à cause du mélange de tous avec tous et de l'expansion de tous dans tous.

Or, la mort étant la transformation suprême qui achève notre expansion dans la nature et dans l'humanité, il résulte que par le fait du trépas, nous sortons du cercle étroit de la famille, de la caste, de la nation, pour vivre graduellement de la vie universelle et revêtir la corporéité universelle.

Alors notre égoïsme individuel ou national se transforme en *amour universel*, et nous jouissons ou souffrons selon que l'humanité est heureuse ou malheureuse, et selon que nous avons nous-mêmes contribué à la perfectionner ou à la corrompre.

Ne disons donc plus que la mort est une punition ! Notre raison ne conçoit-elle pas, du reste,
que, sans la transformation des corps, la terre
serait bientôt encombrée par la multiplication des
vivants, ce qui nécessiterait alors la suppression
des naissances, des mariages, de l'amour, de sorte
que l'humanité serait arrêtée dans son progrès et
dans sa multiplication infinis.

La mort, loin d'être une punition, est donc,
au contraire, un bienfait puisqu'elle nous affran-
chit de la douleur quand celle-ci est devenue
insupportable, et puisqu'elle est la loi d'*équilibre*
qui concilie la multiplication indéfinie des êtres
avec les limites du globe terrestre.

La mort n'est un mal que lorsqu'elle a lieu avant
l'âge voulu par la nature. Dans ce cas, les orga-
nes de l'individu, n'ayant pas achevé leur tâche,
protestent contre leur décomposition prématurée,
d'où résultent des convulsions douloureuses.

Cette mort anticipée est la conséquence fatale de nos excès, de nos privations, de nos imprudences, de nos crimes et des fautes de nos procréateurs.

Quant, au contraire, la mort s'effectue dans l'ordre normal, c'est-à-dire à la limite de l'extrême vieillesse, l'organisme épuisé achève sans efforts sa décomposition, et la transformation a lieu sans douleur ni protestation.

Lorsque l'humanité connaîtra et pratiquera les lois *hygiéniques*, *phisiologiques*, *morales* et la loi de *solidarité*, les infirmités de toutes sortes, les crimes et les morts prématurées qui en sont les conséquences, disparaîtront définitivement de la terre.

Ne nous effrayons donc plus de la mort, puisque cette sublime évolution nous élève d'une vie très-limitée à une vie plus grande en épanouissant notre personnalité consciente dans l'humanité entière, qui est notre véritable corps.

Oui, l'humanité est le sanctuaire des morts, et ils ne seront heureux que lorsque les vivants le seront eux-mêmes; car nos pères et nos mères sont responsables en nous puisqu'ils nous ont procréés dans des conditions bonnes ou mauvaises; et nous serons responsables dans nos fils et nos filles auxquels nous aurons légué, par la naissance, l'éducation et l'exemple, nos qualités et nos défauts, nos erreurs et nos préjugés.

Hâtons-nous donc de nous affranchir du mal qui n'est qu'une perturbation momentanée de l'équilibre et qui résulte de l'ignorance de l'homme et de l'apprentissage qu'il fait de sa liberté.

Travaillons à l'avénement du bien, de l'harmonie, de la justice, par l'*instruction générale* et par la pratique de la grande loi de *solidarité* qui doit provoquer la sympathie de tous pour tous et engendrer la fraternité universelle qui réhabilitera les vivants et les morts.

Alors la grande famille humaine sera définitivement constituée sur notre globe par la *fusion* de tous les peuples en un seul peuple! La planète illuminera progressivement par le rayonnement de l'intelligence humaine, et l'humanité terrestre, de plus en plus spiritualisée par l'amour, s'épanouira graduellement dans toutes les autres humanités pour prendre possession de l'immense univers, qui est son domaine futur.

GÉRARD.

PARIS. ÉDOUARD BLOT ET FILS AÎNÉ, IMPRIMEURS, RUE BLEUE, 7

www.ingramcontent.com/pod-product-compliance
Lightning Source LLC
LaVergne TN
LVHW011926170726
843501LV00011BA/4231